ANSIEDAD

La mejor guía para reducir el estrés y los ataques
de pánico

(La mejor guía para reducir el estrés y los ataques
de pánico)

Aron Vaca

Publicado Por Daniel Heath

Ansiedad: La mejor guía para reducir el estrés y los ataques de pánico (La mejor guía para reducir el estrés y los ataques de pánico)

ISBN 978-1-989853-16-0

Este documento está orientado a proporcionar información exacta y confiable con respecto al tema y asunto que trata. La publicación se vende con la idea de que el editor no esté obligado a prestar contabilidad, permitida oficialmente, u otros servicios cualificados. Si se necesita asesoramiento, legal o profesional, debería solicitar a una persona con experiencia en la profesión.

Desde una Declaración de Principios aceptada y aprobada tanto por un comité de la American Bar Association (el Colegio de Abogados de Estados Unidos) como por un comité de editores y asociaciones.

TABLA DE CONTENIDO

Parte 1 1

Introducción 2

Capítulo 1: ¿Qué Es La Ansiedad? 4

Capítulo 2: Síntomas De La Ansiedad 14

Capítulo 3: Causas De La Ansiedad 31

Capítulo 4: Combatir La Ansiedad Utilizando Técnicas Militares 38

Capítulocinco: Estrategias Para Vencer La Ansiedad En Cualquier Lugar 56

Conclusión 61

Parte 2 63

Introducción 64

¿Qué Produce La Ansiedad? 67

Cómo Detener La Ansiedad. 72

Haciendo Una Diferencia Entre Ansiedad Realista Y No Realista. 81

Las Razones Que Le Causan Ansiedad. 86

Conclusión 94

Parte 1

Introducción

Bienvenido y gracias por unirse a nosotros en Ansiedad:

No importa si buscas ayuda para ti o para un ser querido, este es un gran libro que te ayudará a comenzar el camino hacia una vida mejor y más plena. La ansiedad actúa como una nube, flotando sobre nosotros y haciendo que llueva incluso en nuestros mejores días. Puede causar estragos de numerosas maneras, rompiendo relaciones, cambiando la manera en que pensamos y sentimos, e incluso puede causar que algunos terminen con sus vidas demasiado pronto.

En los próximos capítulos discutiremos:

Qué es la ansiedad
 El papel del cerebro en la ansiedad

La gran variedad de síntomas de la ansiedad

Y por supuesto, lo que ha hecho encontrarnos aquí: numerosas técnicas derivadas de los militares que cualquiera puede utilizar para vencer su ansiedad ¡para siempre!

Si bien hay un montón de libros e información sobre la ansiedad y sobre cómo afecta a millones de vidas, prácticamente nadie está hablando de utilizar tácticas militares para ayudar a reconstruir la mente de una manera positiva, eliminando la ansiedad desde su núcleo.

Se ha puesto mucho esfuerzo para asegurar que este libro contenga la mayor cantidad de información útil posible. Disfruta de la lectura y espero que puedas encontrar herramientas que te ayuden a recuperarte del huracán de la ansiedad.

Capítulo 1: ¿Qué es la Ansiedad?

Imagina vivir cada día de tu vida con miedo y en negación, como si una sombra constantemente te siguiera a todas partes, haciéndote dudar de ti mismo y de los que te rodean. Esto seríaapenas una pequeña cápsula de lo que significa vivir con ansiedad ya que, desafortunadamente, puede profundizarse mucho más en las vidas de aquellos que la padecen.

El conocimiento es poder; la mejor manera de vencer la ansiedad es entenderla verdaderamente y cómo ésta puede afectar tu manera de hacer las cosas, tus niveles hormonales, tu conciencia y mucho más.

Entonces ¿Qué es la ansiedad?

La ansiedad es una condición física, mental y emocional que en la mayoría de las personas es y debería de ser sólo una reacción corporal natural. Es la respuesta de nuestro cuerpo a entornos y escenarios desconocidos o peligrosos. Todos podemos ponernos ansiosos de vez en cuando, sintiéndonos afligidos o incómodos. Probablemente has experimentado ansiedad en un nivel más bajo, tal vez durante una entrevista, actuando frente a otros, o antes de un gran partido de campeonato.

Estar ansioso es una respuesta natural que nuestro cuerpo puede sentir durante estos tipos de acontecimientos. Es responsable de proporcionarnos un impulso de conciencia que necesitamos para estar alertas y prepararnos para luchar.

La respuesta de "pelear o huir" es una de las reacciones bajo el paraguas de la ansiedad. Pero, ¿puede imaginarse sentirse incómodo todo el tiempo, incluso durante los momentos de calma? Aquellos que sufren con un exceso de ansiedad tienen problemas para concentrarse, se asustan fácilmente y algunos incluso temen abandonar la comodidad de sus hogares. Vivir con un trastorno de ansiedad es debilitante y en algunos casos decirlo describirlo así suena suave.

La Ansiedad y el Cerebro

No debería sorprenderte que el culpable de que te sientas ansioso todo el tiempo sea tu cerebro. Tu mente es responsable de manifestar pensamientos, los cuales pueden afectar directamente la química general de tu cerebro, afectando tus pensamientos e ideas futuras, así como cambiando la forma en que funciona tu cuerpo.

A pesar de la negatividad que rodea al término ansiedad, es un trastorno muy interesante cuando uno se toma el tiempo deanalizarlo. La ansiedad tiene el poder de causar síntomas físicos, incluso cuando las personas no se sienten ansiosas. Esto puede finalmente cambiar la manera en que respondes a los eventos, lo cual se refuerza negativamente en tus comportamientos diarios, razón por la cual nuestras mentes y nuestra ansiedad tienen una relación muy compleja.

La ansiedad está típicamente forjada por los muchos años de experiencias personales. En algunos casos, sin embargo, podemos nacer con problemas en los neurotransmisores de nuestro cerebro que nos ayudan a controlar el estado de ánimo, razón por la cual muchos otros están más predispuestos al desarrollo de la ansiedad a lo largo de sus vidas.

La ansiedad y los neurotransmisores

Su cerebro responde a los neurotransmisores, que son las pequeñas sustancias químicas dentro del cuerpo que envían mensajes a su cerebro, diciéndole cómo actuar, pensar, sentir y más. Hay muchos neurotransmisores que se ha descubierto que están relacionados con la ansiedad, tales como:

Norepinefrina
Cortisol
GABA
Serotonina
Dopamina

Demasiado o muy poco de cualquier hormona puede afectar su ansiedad de varias maneras. El difícil problema de resolver es encontrar el equilibrio correcto. Si su cerebro no recibe la asignación correcta de serotonina, esto puede causar que los síntomas de ansiedad aumenten.

Cuando se trata de los temas de la producción de neurotransmisores, las causas y los efectos son todavía ampliamente desconocidos. Es casi imposible distinguir entre equilibrios como resultado de experiencias de vida o de la genética. Una o ambas cosas puede pasarle a cualquiera que viva con ansiedad. En la mayoría de los casos, encontramos que hay una combinación de experiencias y genética a las que culpar.

Activación del cerebro y la ansiedad

Hay esencialmente dos fraccionesen todos los trastornos de ansiedad, y las personas que soportan de esta dolencia pueden sufrir con ambas:

Mental: Incluye pensamientos nerviosos, preocupación, enojos verbales, etc.
*Física:*Incluye mareos, ataques de pánico, taquicardias, etc.

Incluso cuando uno empieza a

preocuparse menos, es frecuente que se experimenten síntomas físicos. Las activaciones mentales y físicas de la ansiedad iluminan diferentes áreas del cerebro, con pensamientos que se muestran en el lado izquierdo y físicos que aparecen en el derecho.

La ansiedad y las hormonas

El equilibrio de las hormonas en el cerebro y en todo el cuerpo juega un papel importante en la forma en que la ansiedad te afecta a ti también. Hay muchas hormonas que afectan directamente la química del cerebro, la producción de neurotransmisores y más.

Si alguna hormona está fuera de control, entonces la ansiedad puede desarrollarse a partir de esto. He aquí un par de hormonas esenciales que afectan al cerebro:

*La Adrenalina*es una de las hormonas corporales a las que puedes señalar con el dedo cuando te sientes muy ansioso.

Libera hormonas para activar su sistema de lucha o huida, lo cual puede causar aumento en la frecuencia cardíaca, tensión y más. Si usted sufre de ansiedad y estrés durante un largo período de tiempo, esto puede dañar su capacidad para controlar su adrenalina, lo cual puede llevar a un empeoramiento de los síntomas de ansiedad.

La *hormona tiroidea* es responsable de regular los niveles de norepinefrina, serotonina y otras hormonas que se crean y envían a todo el cerebro. Esto significa que la culpa por el aumento de los problemas de ansiedad pueda ser de su tiroides.

La realidad de la ansiedad

Si tuvieras que correr la cortina de la ansiedad y ver lo que hay detrás cuando nunca has sido una víctima, probablemente huirías rápidamente. Cuando otras personas se imaginan cómo es la ansiedad, normalmente se inclinan hacia la visualización de una persona mental y físicamente inestable. En realidad, esto es exactamente lo contrario. Aquellos que experimentan ansiedad diariamente son típicamente bastante fuertes. De hecho, muchos de los que viven con ansiedad son muy exitosos, a pesar de sus pensamientos siempre en estado alerta. Al igual que todos los demás, la mayoría de ellos se dan cuenta de que deben seguir adelante a pesar de cómo se sienten y se interpretan a sí mismos por dentro. Hay muchos individuos famosos y brillantes ahora y en la historia con problemas de ansiedad.

Muchas personas que sufren de ansiedad sufren ataques de pánico de forma regular o tienen algún tipo de fobia, lo que puede hacer que se sientan avergonzados de su "enfermedad", lo que les hace sentirse un poco locos. Algunos días son mejores que otros, pero aquellos que experimentan síntomas causados por estas enfermedades mentales típicamente tienen un conteo más alto de días malos que de días buenos.

A menudo sienten que están siempre bajo una nube oscura que hace llover a cántaros, pero que la lluvia no se compone sólo de agua. Esas gotas del cielo sobre sus cabezas son creadas a partir de visiones sorprendentes, lógica perturbadora, sentimientos de inutilidad y/o desesperanza y de miradas que reciben tanto de sus seres queridos como de extraños, todo cuando creen que de verdad están en una especie de crisis personal o se sienten como si estuvieran a punto de ser empujados al borde del abismo.

Usted está hoy aquí porque está harto de la monotonía de la información que le proporcionan Internet y los "expertos". Hoy, vamos a discutir cómo las tácticas militares pueden detener la ansiedad y al mismo tiempo empujarla al abismo ¡de una vez por todas!

Capítulo 2: Síntomas de la Ansiedad

Cuando se trata de los síntomas que las personas pueden tener con ansiedad, hay muchos extraños e inusuales, así como los que son bastante comunes entre la población que los padece.

Síntomas comunes

Los síntomas más comunes que experimentamos gracias a la ansiedad son causados por el sistema natural de lucha o huida de nuestro cuerpo, que se construye dentro del cerebro para mantenernos a salvo de algún daño. Sin embargo, cuando este sistema no funciona como debe, el cerebro puede volverse más ansioso de lo que necesita. Si usted tiene ansiedad, probablemente experimentará muchos de los siguientes síntomas:

Eructos
Rubor
Dificultades para respirar/respiraciones superficiales

Dolor, presión y/u opresión en el pecho
Escalofríos
Problemas de concentración
Tos
Despersonalización
Problemas para hablar
Problemas digestivos
Mareos/vértigo
Miedo
Sentirse enfermo
Sentirse abrumado
Temblores
Dolores de cabeza
Palpitaciones cardíacas
Insomnio y somnolencia
Niveles de energía más bajos
Tensión muscular y músculos adoloridos
Nerviosismo
Sudoración
Bostezos

Estos son todos los tipos de síntomas más comunes que se relacionan con la ansiedad. Si usted no ve sus síntomas en esta lista, esto no significa necesariamente que sean raros. De hecho, hay tantos como miles de otros síntomas que la ansiedad presenta en personas de todo el mundo.

Síntomas mentales de ansiedad

El lugar más obvio para empezar cuando se trata de discutir los otros síntomas de la ansiedad es la mente, ya que la ansiedad es una condición de salud mental. Como ya sabes, la ansiedad tiene el poder de alterar el cerebro. Por ejemplo, cuando las personas sin ansiedad cuentan chistes y nadie se ríe, simplemente siguen adelante con su día. Pero aquellos con ansiedad se preguntarán por qué nadie pensó que era gracioso y se sentirán juzgados y posiblemente ofendidos.

En otras palabras, la misma situación se procesa de forma completamente diferente entre estas dos personas. La ansiedad puede causar síntomas mentales extraños. Puede causar una pérdida de la capacidad de sentir placer. Puede causar pensamientos intrusivos. E incluso puede llegar a hacerte olvidar quién eres.

La ansiedad cambia a los mensajeros en tu cerebro que te dicen cómo pensar y actuar. Ten la seguridad de que hay curas para la ansiedad a las que llegaremos más tarde. Es importante entender que la ansiedad cambia tu cerebro como una enfermedad, pero ninguno de esos cambios tiene por qué ser permanente.

Síntomas presentes en el pensamiento

Loco
Negativo
Perturbador
Intrusivo
Irracional
Obsesivo
Apurado
Aterrador
Extraño
Violento
Raro

Si usted lucha con pensamientos que encajan en cualquiera de las categorías anteriores, necesita saber que probablemente son causados por el monstruo de la ansiedad que está plagando su mente.

Síntomas de funcionamiento cognitivo

Alucinaciones auditivas
Delirios
Confusión
Desprendimiento
Demencia
Realidad distorsionada
Olvido
Alucinaciones
Pérdida de la memoria
Pesadillas
Otros problemas neurológicos

La mayoría de las veces, los problemas emocionales que sufrimos pueden estar fuertemente relacionados con el funcionamiento cognitivo y el tipo de pensamientos que tenemos.

Síntomas emocionales de la ansiedad

La ansiedad tiene una fuerte influencia en sus emociones. La ansiedad en sí misma es una emoción en muchos sentidos, por eso es tan poderosa cuando altera hormonas como la dopamina y la serotonina, que son las responsables de regular las emociones. No es un fenómeno poco común para aquellos que sufren de ansiedad que otros jueguen con sus emociones. Ciertas personas experimentan algunos desencadenantes emocionales, lo que puede hacer que se sientan extremadamente felices, por ejemplo. Debido a que la ansiedad altera los neuroquímicos asociados con el estado de ánimo, muchos síntomas de ansiedad emocional son considerados como comunes.

Síntomas en el estado de ánimo

En última instancia, la ansiedad cambia la forma en que el estado de ánimo se ve afectado, ya que le indica al cerebro que transmita los neurotransmisoresde manera diferente a lo normal. Usted puede experimentar todos o algunos de los siguientes síntomas basados en el estado de ánimo:

Violencia o agresión
Agitación
Ira
Se molesta fácilmente
Apatía
Euforia
Necesidad excesiva de llorar
Hiperactividad
Histeria
Dificultades de comunicación
Impulsividad
Irritabilidad
Cambios de humor
Aislamiento que lleva a la soledad
Sentirse'adormecido'
Comportamiento psicótico
Tristeza excesiva
Pensamientossuicidas

Síntomas de miedo

La ansiedad es una forma de miedo en sí

misma, ya que los miedos se pueden traducir posteriormente en el desarrollo de un trastorno de ansiedad. Las fobias son miedos extremos a cosas específicas y causan su propio conjunto de síntomas de ansiedad:

Se asusta fácilmente
Miedo a morir
Miedo de volverse loco
Hipocondría

Síntomas de la Ansiedad que Afectan a Todo el Cuerpo

Como podrá imaginar, hay muchos tipos de síntomas que pueden surgir físicamente gracias a la ansiedad, desde la cabeza hasta los dedos de los pies.

Síntomas musculares

Molestias
Calambres
Dolor
Espasmos
Rigidez
Sacudidas
Debilidad

La tensión muscular es otro síntoma relacionado con los músculos que se mencionó anteriormente en la sección "Común". Hay muchos tipos de dolor y malestar que pueden ser causados por los músculos.

Síntomas del sistema circulatorio

La ansiedad puede afectar directamente la forma en que el corazón bombea la sangre a todo el cuerpo, la respuesta de las hormonas y mucho más.

Presión arterial baja
Hipertensión
Cambios hormonales
Problemas circulatorios

La ansiedad también puede empeorar cualquier síntoma previo que ya tenga. Afortunadamente, la mayoría de los síntomas mencionados anteriormente en la categoría circulatoria son temporales y no representan ningún daño a largo plazo.

Síntomas de la temperatura

La ansiedad puede incluso cambiar su calor corporal, haciéndole sentir frío, calor o ambos.

Fiebre

Sudores fríos

Fluctuaciones de la temperatura corporal

Sentir frío

Bochornos y sofocos

Calor

Hiperhidrosis

Algunos de estos síntomas de la temperatura tienen el poder de causar más ansiedad, lo que puede resultar en pasar mucho tiempo en Google tratando de averiguar lo que está mal. Afortunadamente, estos, rara vez son síntomas dañinos.

Síntomas en todo el cuerpo

Estos síntomas afectan a todo su cuerpo y no encajan en ninguna categoría:

Dolores y molestias inexplicables
Olor corporal excesivo
Dolor en las articulaciones
Entumecimiento y/u hormigueo
Obesidad
Dolor
Sensación de hormigueo
Inquietud
Dificultad para moverse
Sistema inmunológico debilitado

Muchos síntomas de ansiedad también tienen la capacidad de migrar, lo que significa simplemente que puede sentir como si se ésta le hubiera afectado todo el cuerpo.

Síntomas en los órganos

Los síntomas de ansiedad relacionados con los órganos son menos comunes, pero tienden a afectar más su piel, que es el órgano más grande de su cuerpo.

Ardor de la piel
Eccema
Palpitaciones cardíacas
Problemas renales
Erupciones cutáneas
Manchas rojas
Cambios en la coloración de la piel
Frecuencia cardíaca lenta
Problemas del bazo
Taquicardia
Fibrilación auricular

Síntomas oculares

La ansiedad, al igual que en el cerebro, también puede causar estragos en la vista. Esto se debe principalmente a la respuesta de su cuerpo de pelear o escapar, lo cual resulta en la constricción de los vasos sanguíneos que le ayudan a concentrarse.

Ceguera
Visión borrosa

Visión doble
Dolor en los ojos
Problemas oculares
Cambios en las pupilas
Ver manchas
Ojos adoloridos
Problemas de visión

Síntomas en la cabeza

Todavía no se ha determinado por qué el estrés y la ansiedad tienen tal efecto en la cabeza. La tensión muscular en la cabeza es una de las razones más comunes.

Migrañas
Picazón en el cuero cabelludo
Presión en la cabeza
Dolor de cabeza
Problemas con el cabello
Pérdida de cabello

Síntomas nasales

El estrés que causa ansiedad es la razón detrás de los problemas nasales de muchas personas. También pueden empeorar las alergias.

Cambios en el olfato
Goteo nasal
Sangrado nasal excesivo
Tics nasales

La hipersensibilidad se convierte en un problema importante aquí y la ansiedad puede hacer que los problemas nasales ya de por sí prominentes empeoren.

Síntomas bucales

Las mismas sensibilidades que experimenta su nariz también pueden ocurrir en su boca. La ansiedad puede causar tanto como un mal sabor en su boca y también puede resultar en que usted esté demasiado consciente de los sabores.

Problemas dentales
Cambios en el gusto
Sensación de sabor metálico

Morder los labios
Boca seca
Babeoexcesivo
Limitación de la voz
Mal sabor en la boca

Síntomas en el oído

Hay muchas personas que sufren de ansiedad que han reportado tener sensaciones auditivas extrañas, tales como un ruido fuerte de golpe y otras cosas relacionadas.

Vértigo
Tinnitus
Zumbido en los oídos
Problemas de audición

Síntomas del habla

La ansiedad afecta sus pensamientos y su boca, lo cual significa que los problemas del habla pueden ser una ocurrencia común.

Cambios en los patrones del habla
Problemas de concentración y deglución
Lenguaje mal articulado
Sensibilidad al sonido

Capítulo 3: Causas de la Ansiedad

Todo el mundo se pone ansioso y agotado de vez en cuando, pero si siempre se siente tenso y nervioso, puede tener problemas con la ansiedad. Usted puede tener más de un trastorno de ansiedad ya que puede ser una causa directa de una afección médica, estrés y/u otros factores.

Entonces, ¿qué causa la ansiedad? Bueno, esta es una pregunta bastante extensa...

Hay algunas personas que están predispuestas a desarrollar trastornos de ansiedad debido a su personalidad. Al igual que otras condiciones de salud, se sabe que la ansiedad es hereditaria, en la cual la genética juega un papel en quién la desarrolla en su vida y quién no.

El estrés también puede jugar un papel importante en sus niveles de ansiedad. Si se produce una pérdida repentina y eventos importantes en la vida, puede ser un desencadenante de afecciones como los ataques de pánico. Para algunas personas, hasta el más pequeño de los factores estresantes, como estar atascado en el tránsito o hacer largas colas en la tienda, puede hacerlos estallar.

En este capítulo discutiremos las causas más comunes de la ansiedad y cómo se pueden desarrollar con el tiempo.

Los problemas de ansiedad tienden a tener una red muy complicada de causas, tales como:

Problemas ambientales, como el estrés de las relaciones, la escuela, las finanzas, los acontecimientos traumáticos, etc.
Genética
Factores médicos, como los efectos secundarios de los medicamentos que está tomando, los síntomas de las afecciones, el estrés debido a problemas médicos subyacentes, etc.
La química de su cerebro

El uso o la abstinencia de sustancias ilícitas

Problemas cardíacos

Si alguna vez ha tenido la "suerte" de experimentar un ataque de pánico, está muy familiarizado con la forma en que sus manos se vuelven húmedas y es incapaz de recuperar el aliento y siente que su corazón está tratando de salir de su pecho. Lo que es irónico es que muchas personas no son conscientes de que los problemas relacionados con el corazón pueden ser un desencadenante de la ansiedad. Las personas con trastorno(s) de ansiedad generalizada(s) tienen un riesgo mucho mayor de sufrir enfermedades cardiovasculares y ataques cardíacos. Un tercio de la población mundial experimenta palpitaciones cardíacas y falta de aliento, siendo estos síntomas más comunes en las mujeres.

Consumo de alcohol y drogas

El fuerte vínculo entre la ansiedad y el consumo de alcohol ha sido probado por miles de estudios. De hecho, investigaciones recientes han demostrado que las personas con problemas de ansiedad son tres veces más propensas a tener problemas con el abuso de drogas y alcohol.

Aquellos que tienen trastornos de ansiedad social son más propensos a tener síntomas muy graves de ansiedad, así como otras afecciones de salud y problemas emocionales. No importa el problema, la combinación de ansiedad, drogas y/o alcohol puede llevar a un círculo vicioso.

Cafeína

Hay cafeína en muchas cosas que comemos y bebemos. Es un estimulante común, que puede llevar a problemas de ansiedad en las personas que lo padecen.

La cafeína causa efectos de nerviosismo en el cuerpo humano, que pueden ser similares a cómo nos sentimos después de un evento aterrador. Se sabe que la cafeína activa nuestra respuesta de pelear o huir, lo que naturalmente puede empeorar la ansiedad e incluso llegar a desencadenar un ataque de ansiedad.

Medicamentos

Hay ciertos medicamentos que la gente toma que pueden tener algunos efectos secundarios desagradables y causar síntomas de ansiedad. Algunos de los medicamentos a los que se debe prestar atención son para la tiroides, el asma y los descongestionantes de venta libre, que pueden poner en riesgo a las personas que padecen ansiedad.

Lo mismo ocurre con los medicamentos que se usan para tratar los síntomas de ansiedad, como las benzodiazepinas.

Suplementos para bajar de peso

Los suplementos para bajar de peso que usted obtiene sin receta médica pueden tener efectos que producen ansiedad. Una de las más comunes, la hierba de San Juan, puede causar insomnio.

Los extractos de té verde contienen toneladas de cafeína, que usted ya ha aprendido que puede contribuir fuertemente a la ansiedad. La guaraná se encuentra en muchos productos de venta libre y contiene el doble de cafeína que el café. Además, tenga cuidado con cualquier producto que contenga efedra, ya que esto puede provocar un aumento importante de la frecuencia cardíaca.

Problemas de la glándula tiroides

La glándula en forma de mariposa en la parte frontal del cuello es la tiroides. Esta glándula produce hormonas que ayudan a regular su metabolismo y sus niveles de energía. Si su tiroides no funciona correctamente, puede crear muchos síntomas de ansiedad debilitantes. Si produce demasiado, puede hacer que se ponga excesivamente nervioso e irritable. Puede causar ansiedad junto con pérdida o aumento de peso, debilidad, intolerancia al calor y más.

Estrés

El estrés es la principal causa de ansiedad, lo que hace que vayan de la mano unos con otros. El estrés puede fácilmente empeorar los síntomas de ansiedad existentes, mientras que la ansiedad puede empeorar sus niveles de estrés.

Cuando usted está tenso, puede recurrir a otros comportamientos, como beber, para tratar de combatir su ansiedad. Tanto el estrés como la ansiedad se combinan con síntomas físicos que son similares, como mareos, dolores de cabeza, molestias, dolor y sudoración.

Capítulo 4: Combatir la Ansiedad Utilizando Técnicas Militares

Si recuerda la famosa cita del Presidente Roosevelt, "*Lo único que debemos temer es al miedo en sí mismo*", entonces usted, como enfermo de ansiedad, probablemente lo tomeal pie de la letra. Como soldado de élite, sin embargo, usted debe estar a la altura de esta cita y más.

Los marines, los SEAL y las Fuerzas Especiales no tienen más remedio que enfrentarse regularmente a peligros que amenazan la vida. El hecho es que, si se ven atrapados en el miedo, es más probable que pierdan la vida. Aunque muchos de nosotros nunca tendremos que enfrentarnos a estas experiencias, ¿por qué no estamos usando las tácticas para aplastar el miedo que ellos usan, en nuestras vidas personales?

Dediquetiempo a la preparación

Si está preocupado por una presentación

de trabajo, estresado por una entrevista de trabajo, o asustado por la próxima batalla de rap que podría ayudarle a mudarse de la casa de su mamá, entonces deténgase, prepárese y practique en vez de quedarse sentado.

La clave es perderse en el momento, es lo que hace dedicando un montón de energía a prepararse para lo que le preocupa. Gastar el 75% en preparación y el 25% en el evento real.

Los SEALs son capaces de borrar el miedo practicando sus próximas misiones hasta que se sientan naturalmente seguros. Cuando lo desconocido se vuelve más conocido para ellos, no tienen que mentirse a sí mismos sobre los riesgos, sino que se ponen en una mejor posición para manejar lo desconocido, lo que desarrolla confianza.

Aprender a gestionar el miedo

Una de las mejores maneras de lidiar con el miedo es reírse de él. ¿Qué? ¡Leyó bien! La risa le hace saber que las cosas van a estar bien y que van a funcionar. No se preocupes, hay evidencia que respalda esta teoría. Un estudio de la Universidad de Stanford mostró que aquellos que fueron entrenados para hacer chistes al responder a imágenes negativas fueron capaces de re-encuadrar la imagen negativa de modo que representaran un significado diferente al de aquellos que respondieron negativamente y simplemente se distanciaron de las imágenes. Además, los participantes que usaron su sentido del humor al ver las imágenes también tuvieron mayor fluidez verbal, lo que indica un mayor nivel de funcionamiento cognitivo que los que no usaron el humor. Esta es una manera mucho más saludable de lidiar con el miedo. El mundo es un lugar inevitablemente retorcido, así que ver el lado más divertido de las cosas hace que sea más fácil lidiar con ello.

Respire

Cuando el corazón late desde el pecho, las

articulaciones se convierten en gelatina y el sudor se desprende de la cara, lo mejor que puede hacer para calmar las manifestaciones físicas del miedo derivado de la ansiedad es *respirar*. ¿Así de simple? SÍ. Con sólo inhalar durante cuatro segundos y exhalar durante cuatro segundos, los SEAL pueden calmar sus sistemas nerviosos y mantener el control de sus respuestas biológicas naturales al miedo.

Esencialmente, usted está cambiando el software de su cuerpo para controlar mejor el hardware. En otras palabras, ¡se está dando a usted mismo una bomba súperpotente! La respiración ayuda al cuerpo a pasar de la respuesta de pelear o escapar del sistema nervioso simpático a la respuesta relajada del sistema nervioso parasimpático.

Respiración táctica utilizada por los Navy SEALS para el rendimiento justo antes de una situación de tensa o durante un entrenamiento:

Respire por la nariz. Es muy importante respirar por la nariz, ya que respirar por la nariz estimula las células nerviosas que existen detrás del esternón cerca de la columna vertebral y que desencadenan el sistema nervioso parasimpático. La ansiedad es una respuesta simpática y la parasimpática la contrarresta. Esto calma su cuerpo, lo que luego calma su mente.

Colóquese en una posición sentada relajada y con la mano derecha sobre el vientre.

Active la respiración empujando el vientre hacia afuera y luego inhale profundamente para contar hasta cuatro. Inhala hasta el vientre. Esto hace que se respire profundamente en los pulmones. Exhale por la nariz a la cuenta de cuatro, jalando el ombligo hacia la columna vertebral. Repitatresveces.

Ahora inhale por el vientre y el diafragma a la cuenta de cuatro, de nuevo inhalando hacia el vientre y esta vez levantando el pecho. De nuevo, exhale y a contar hasta cuatro para que la caja torácica se caiga y el ombligo se jale hacia la columna vertebral. Repita tres veces.

Luego, use la misma técnica, esta vez inhalando a la cuenta de cuatro a través del vientre, el diafragma y el pecho, con una ligera elevación de los hombros para inhalar. Exhale a la cuenta de cuatro por el pecho, el diafragma y luego el vientre. Repita tres veces, eventualmente trabajando sus respiraciones hasta ocho veces.

Luego, la respiración en caja es una técnica utilizada por los NavySEALs de los EE.UU. para mantener la concentración y calmar el sistema nervioso después de una situación de tensión, como un combate, un entrenamiento intenso o en cualquier momento en que el deseo es centrarse y enfocarse.

Los beneficios de la respiración diafragmática o profunda incluyen relajación de todo el sistema y proporciona oxígeno al cerebro para concentrarse mejor, mejora la energía, puede ser utilizado por usted para recuperar su sentido de equilibrio, concentración y relajación y puede ser practicado en cualquier momento. Para la respiración en caja, utilice la misma técnica que la respiración táctica, pero con una contención de cinco veces entre respiraciones.

Siéntese en una posición relajada

Inhale profundamente por la nariz durante cinco segundos

Mantenga el aire en sus pulmones durante cinco segundos

Exhale durante cinco segundos, liberando todo el aire de sus pulmones

Mantenga los pulmones vacíos durante cinco segundos

Repita durante cinco minutos o el tiempo que considere necesario

No mantenga las cosas embotelladas

El miedo es como un licor terrible; apesta cuando lo bebes *y* tiene efectos negativos que duran mucho tiempo, por lo que es importante lidiar con él antes *y* después del hecho.

Hablar de experiencias aterradoras ayuda a los soldados a localizar el significado detrás de todo esto. Esta comunicación les permite procesar positivamente lo que han pasado y les ayuda a crear relaciones más estrechas con sus compañeros. ¿Asustado? Admítalo ante un amigo.

Escucharlo en voz alta puede ayudarle a sacarlo, confrontarlo y lidiar con él.

Hable más fuerte que tu voz interior

Todos somos conscientes de la charla interior que se produce en nuestra mente a diario. De hecho, nuestra voz interior puede ser muy negativa la mayor parte del tiempo. ¿No sería genial tener un monólogo interior que nos recuerde lo seguros e impresionantes que somos? ¿No sería genial tener un orador motivador interno que nos ayude a superar los momentos difíciles?

Bueno, usted puedes. En momentos de estrés, nuestros cerebros están conectados para crear una conversación personal que puede aumentar nuestros sentimientos de miedo. Como soldado, se espera que luchen contra su auto-comunicación interna y que se concentren en las partes positivas de las experiencias. Con la práctica, son fácilmente capaces de ignorar o incluso borrar la negatividad que sus cerebros les están lanzando. Así que, puede hacer lo mismo en su propia vida.

El miedo y la ansiedad se multiplican cuando imaginamos lo peor. Nuestra imaginación puede ser usada de manera constructiva para planear con anticipación y conducirnos hacia nuestras metas. Sin embargo, también se puede utilizar para imaginar que las cosas van mal. Aunque esto puede ser una herramienta útil para ayudarnos a evitar el peligro y las posibles trampas, los pensamientos negativos incontrolados y habituales pueden crear un caldo de cultivo para la ansiedad y arruinar una vida que de otro modo sería feliz.

Algunas personas abusan de su imaginación crónicamente y sufren mucha más ansiedad que aquellos que proyectan su imaginación de manera constructiva o que no tienden a pensar mucho en el futuro. Los ansiosos y crónicos preocupados tienden a abusar de su imaginación hasta el punto de que los eventos venideros se sienten como catástrofes a punto de ocurrir. No es de extrañar que vidas enteras puedan ser arruinadas por el miedo y la ansiedad.

Reflexione sobre el peor de los casos

No importa a qué le tenga miedo, siempre tiene la oportunidad de evitarlo por el resto de tu vida. Sin embargo, los soldados no tienen esa opción. Se enfrentan a situaciones similares una y otra vez que los asustan. Para asegurarse de que el miedo no los invalide, simulan escenarios estresantes y tratan de experimentar las emociones en ellos también.

En lugar de crear pensamientos felices e ignorar lo que teme, empiece a pensar en las peores cosas que pueden suceder. Cuando es capaz de imaginar el peor miedo y permanecer dentro de una experiencia emocional en lugar de salir de ella, su mente tiende a superar el miedo de forma natural.

Meditación

Sí, incluso los soldados utilizan prácticas de meditación. Este es un método que incluso la mayoría de los soldados de élite utilizan para ayudarles a desestresarse, controlar el miedo y prepararse para el combate. Aquellos que practican la meditación reportan un aumento en sus habilidades y una mayor habilidad para lidiar con la presión y adaptarse a la vida cuando regresan a casa.

Cambie su forma de pensar

Vuelva a formular su definición de los síntomas. Vuelva a enmarcar los síntomas de la ansiedad - dele un significado diferente. Esas palmas sudorosas, el corazón acelerado y el mareo pueden significar un ataque de pánico, o pueden significar ¡la aventura más emocionante y divertida de su vida! Su cuerpo no sabe la diferencia y sólo está haciendo lo que hace por naturaleza, pero usted puede elegir cómo definir esa prisa repentina. ¿No me cree?

¿Cómo cree que los adictos a la adrenalina se tiran por los acantilados, saltan motocicletas o nadan con tiburones? Su definición de lo que llamamos miedo es diferente. Todavía experimentan los mismos químicos potentes que recorren su cuerpo, pero las sensaciones tienen un significado diferente para ellos. Lo que usted experimenta como miedo, pavor y muerte cercana puede ser definido como emocionante, excitante y de vitalidad para otra persona.

Lo bueno de redefinir estos síntomas de manera consistente y deliberada es que se puede volver a cablear el cerebro. Lo que nos lleva a la neuroplasticidad.

Neuroplasticidad

La neuroplasticidad ocurre con cambios en el comportamiento, el pensamiento y las emociones. Con la práctica consciente, podemos alterar nuestras vías neurales para movernos naturalmente hacia nuestras emociones deseadas, tales como estar agradecidos, calmados y felices y alejados de la ira, el estrés y el pánico.

A medida que usted elige responder con emociones positivas, puede fortalecer los caminos neuronales hacia las emociones deseadas. A medida que usted hace más conexiones neuronales con el tiempo a su emoción deseada, los caminos hacia las reacciones negativas eventualmente se vuelven más débiles y revueltos. Esto incluso funciona cuando se utilizan los ensayos mentales de la situación y se practica la respuesta deseada.

Recuerde, esto también puede funcionar a la inversa. Si usted tiene una respuesta habitual a las circunstancias, como estar enojado en un embotellamiento y repite estas respuestas una y otra vez en un alto estado de emoción, usted fortalecerá los caminos neuronales hacia la emoción de la ira en esa situación. Los maestros a lo largo de los siglos que enseñaron el pensamiento positivo y la fe pueden haber estado realmente en algo y ahora podemos probarlo científicamente.

Muévase

El ejercicio suele estar asociado con la pérdida de peso, una mejor salud física y un sistema inmunológico más fuerte. Pero los beneficios del ejercicio pueden expandirse mucho más. El ejercicio es tan importante para su salud mental como para su salud física.

La actividad aeróbica promueve la liberación de endorfinas que se liberan en el cerebro y actúan como analgésicos, lo que también ayuda a aumentar la sensación de bienestar. Las endorfinas también mejoran los niveles de energía, proporcionan un mejor sueño nocturno, elevan su estado de ánimo y proporcionan efectos anti-ansiedad. El ejercicio también aleja la mente de las preocupaciones y rompe el ciclo de pensamientos negativos que contribuyen a la ansiedad.

Se recomienda realizar 30 minutos o más

de ejercicio cinco días a la semana para tener un impacto significativo en los síntomas de ansiedad. Usted no necesita un programa de ejercicio formal en el gimnasio para experimentar estos beneficios. Se ha demostrado que la actividad física ligera tiene los mismos efectos, incluyendo la jardinería, las tareas domésticas, lavar el auto y caminar alrededor de la cuadra. Esto se puede hacer en pequeños intervalos a lo largo del día.

Es más importante hacer algún tipo de actividad física de manera consistente que apuntar a algo que no es sostenible. Sea realista y si necesita empezar con metas más pequeñas, hágalo. Se trata de cuidar de sí mismo de una manera que funcione para usted.

La herramienta natural más importante que puede utilizar para combatir la ansiedad es el ejercicio regular. Suena a cliché, pero la verdad es que el ejercicio afecta a la mente y al cuerpo en formas que la ciencia todavía está descubriendo.

Hay una razón por la que la prevalencia de la ansiedad ha aumentado con nuestros estilos de vida cada vez más inactivos. Correr todos los días puede hacer una gran diferencia en cómo lidiar con el estrés, cómo se manifiestan los síntomas de ansiedad y cómo regular el estado de ánimo.

Los mejores métodos de ejercicio para combatir la ansiedad son:

Correr libera hormonas para sentirse bien que tienen beneficios exponenciales para la salud mental. Puede ayudarle a conciliar el sueño más rápidamente, mejorar la memoria, disminuir los niveles de estrés y protegerse contra la depresión en desarrollo.

Las caminatas en un lugar boscoso o montañoso tienen efectos calmantes naturales en el cerebro. Estar cerca de las plantas y de las vistas terrestres ayuda a reducir la ansiedad gracias a los productos químicos que emiten las plantas. Además, estar en la naturaleza es excelente para la función de la salud y la memoria.

Yoga, muy parecida a la meditación, se ha descubierto que reduce significativamente la ansiedad y otros síntomas neuróticos que pueden llevar a la irritabilidad y la depresión. No sólo fortalece el núcleo, sino que también ayuda a concentrarse en la respiración, que es la clave para relajar la mente y combatir la ansiedad.

CapítuloCinco: Estrategias para Vencer la Ansiedad en Cualquier Lugar

Va a haber muchos casos en los que usted debe saber cómo manejar sus síntomas de ansiedad para poder funcionar correctamente. Este capítulo cubrirá una variedad de técnicas que usted puede usar para reducir la ansiedad y el estrés de manera efectiva.

Es posible que todas estas estrategias no funcionen para usted, así que experimente y encuentre las técnicas que prefiera y que mejor se adapten a sus necesidades. También descubrirá que ciertas técnicas funcionarán mejor en algunas situaciones que en otras.

Inhale y exhale lentamente durante 3 minutos.

Relaje los hombros y gire el cuello suavemente.

En palabras, diga en voz alta cómo se siente consigo mismo.

Activar la liberación de oxitocina en el cuerpo masajeando la mano.

¿Hay algo fuera de lugar? Vuelva a ponerlo en orden. Cuando sienta el orden físico en su vida, su sentido de orden mental también estará en su lugar.

Salga de la ciudad y haga un viaje fuera de su rutina normal.

Pregúntese cuál es el peor escenario que podría ocurrir y luego pregúntese cómo podría sobrellevarlo si ocurriera.

Tómese un descanso de resolver problemas y deje que su mente se relaje, procesándola en un segundo plano por un tiempo.

Tome un buen baño caliente.

Aprenda la importancia de perdonarse a sí mismo, especialmente para no prever problemas.
Aprenda la importancia de perdonar a los demás.
Tómese un descanso de ver las noticias y

leer el periódico. Lea un libro, una tira cómica o algo más ligero.

Escriba ese correo electrónico que ha estado posponiendo.

Haga esa llamada que ha aplazado.

Pruebe la meditación consciente. Simplemente, descargue mp3 gratuito de Google. ¡Encontrará algo que le guste y que le relaje!

Tómese un descanso de trabajar en un tema que haya investigado en exceso.

Acaricie a su querida mascota.

¿Hay un error que le está molestando? Cree un plan de acción para que no termine repitiendo ese error.

Pregúntese si se está apresurando a sacar conclusiones. Por ejemplo, si usted está preocupado por si alguien está molesto con usted, ¿sabe con seguridad que ese es el caso o sólo está asumiendo?

Acepte el hecho de que siempre habrá al menos una pequeña brecha entre su yo ideal y su yo real.

Reflexione sobre lo que va bien. Cuando piensa en lo positivo, pone a raya la ansiedad que causa el pensar demasiado y puede ver el panorama general.

Realice tareas regulares un 25 por ciento más despacio y permítase disfrutarlas.

Aprenda la importancia de reírse a carcajadas. Encuentre algo gracioso de lo que puedas reírse todos los días.

Exprese su gratitud más a menudo a los que están en su vida. Esto genera una mentalidad apreciativa, que le permite centrarse en lo positivo y no en lo negativo.

Guarde silencio por una vez y desconéctese del trabajo, la escuela, los quehaceres, etc. Demasiado ruido en nuestra vida diaria puede aumentar el estrés, por lo que el silencio es sagrado, especialmente en estos días.

Probablemente se esté preguntando cómo encajan estas estrategias en una "rutina de eliminación de la ansiedad de un guerrero". Bueno, todos lo hacen en cierto sentido. Los soldados deben ser capaces de tener la mente por encima de la situación, especialmente en las más deprimentes, a fin de estar con la cabeza bien nivelada para tomar las decisiones adecuadas.

Conclusión

Quiero felicitarle por leer Ansiedad:

Como estoy seguro de que usted ya sabe, la ansiedad es un trastorno terrible que afecta a las personas física, mental y emocionalmente. Puede ser difícil conquistar el día que se avecina cuando la negatividad rodea su vida diaria.

Espero que este libro haya traído a la luz nueva información sobre métodos para librarse de la ansiedad y vivir una vida mejor. Con este libro, ahora tiene las herramientas que necesita para vencer la ansiedad. Incluso si no erradica al 100% sus pensamientos y sentimientos negativos, aprender estas técnicas inspiradas por los militares le ayudará a aplastar los síntomas incluso antes de que comiencen.

Lodesafío a que empiece a usar al menos una de las técnicas sobre las que leyó en este libro a partir de hoy. Ahora depende de usted dar el siguiente paso para controlar su ansiedad, liberarse de sus garras y comenzar a vivir la vida que merece.

Finalmente, si encontró este libro útil de algún modo, ¡siempre se agradece una reseña en Amazon!

Parte 2

Introducción

La ansiedad nunca cambiará el resultado. Cada ser humano en este planeta ha pasado al menos un día preocupado por algo. Y es perfectamente razonable,es algo a lo que todos somos propensos. Pero, no importa cuánto suframos, el resultado final nunca se ve afectado por este estado mental.

Lo que comienza con un pensamiento malvado, puede convertirse en un gigantesco grupo de pensamientos negativos y preocupantes que son lo suficientemente poderosos como para no solo enfermarlo mentalmente, sino también físicamente. Estoy seguro de que, al leer estas líneas, recordará algunas de sus mayores preocupaciones que finalmente resultaron inútiles. Le preocupa si pasa el examen, si a esa chica o ese chico le gustas, si no es lo suficientemente bueno, cómo le fue en la última entrevista de trabajo ...

Preocuparse no es la clave para vivir una vida cautelosa, al contrario; Es la llave que abre la puerta a una paz rota, a las noches sin dormir, a la depresión, a la ansiedad, al pensamiento excesivo y a la infelicidad.

La pregunta que se hace en este libro es: ¿es usted un preocupado crónico?

Si no está seguro de su respuesta, mire dentro de usted y lo sabrá. ¿Se preocupa por cosas que la mayoría de la gente ni siquiera pensaría dos veces? ¿Teme que le suceda algo terrible a usted oa las personas que ama? ¿Este sentimiento le hace sentir asustado, cansado o como si estuviera llegando al límite?

Hay una gran cantidad de pensamientos negativos que causan la fea sensación de preocupación, creyendo que, si se preocupa por el posible resultado adverso, siempre está preparado para hacer algo, o ser más cuidadoso o estar en control.

La preocupación constante le impide a su mente ver una solución para un problema; Lo engaña haciéndole creer que se preocupa por algo o por alguien solo porque se preocupa por ellos, cuando en realidad es lo único que hace: preocupaciones y nada más.

Los preocupados constantes creen que al pensar en un problema o una situación y se preocupan por ello, lo están analizando mejor y que son capaces de encontrar una solución adecuada. Pregunte a un preocupado constante qué piensan acerca de las soluciones instantáneas de un problema. Lo bombardearían con millones de preguntas sobre el tema y crearán un problema aún más profundo y tal vez inexistente, creyendo que ven todas las opciones o resultados.

Preocuparse todo el tiempo significa estar en un estado perturbado constante en el que se siente ansioso, asustado y alertado porque cree que el resultado será fatal. Este libro está aquí para ayudarlo a comprender lo que conlleva el proceso de preocuparse y cómo puede, rápidamente, liberarse de este monstruo que controla su vida.

Los siguientes capítulos se centrarán en cómo una preocupación se convierte en un estado de ánimo, ¿qué? puede hacer para evitar que piense demasiado, que a menudolo lleva a preocuparse.

Además, este libro se centrará en los pasos y los métodos que puede practicar de manera eficiente para detener sus pensamientos preocupantes, cómo marcar la diferencia entre una preocupación realista y una no realista, etc.

El propósito principal de estos capítulos será ayudarle a relajarse, quitarse un peso y, de manera lenta pero segura, deshacerse del efecto paralizante de la ansiedad constante.

¿Qué produce la ansiedad?

Hay muchas respuestas a esta pregunta, pero de alguna manera todas llevan a una conclusión: un conjunto de pensamientos negativos en los que se enfoca y crea deliberadamente una emoción negativa sobre cualquier cosa y todo.

La gente se preocupa por las posibles circunstancias o los resultados: ¿qué pasaría si un automóvil me atropellara hoy, si me despidieran, si mi cónyuge me abandona, ¿qué sucede si mis padres mueren, etc.? Cuando se preocupa por una circunstancia (no importa si cree en

Dios, el destino o lo que sea), tiene miedo del posible resultado de las cosas en las que está. Cuanto más piensa en los posibles escenarios adversos (se enfermará) y muere al igual que tu abuela, alguien más obtendrá la promoción en el trabajo, y permanecerá atrapado en su antigua posición con un salario bajo, un automóvil lo arrollará cuando cruce la calle) cuanto más se centre en los pensamientos negativos.

Los alimenta con su enfoque, y es un hecho psicológico comprobado que cuanto más se enfoca en una idea, más altas son las posibilidades de que este pensamiento cree una emoción.

En general, la preocupación ocurre, no porque usted sea "ese tipo de persona", sino porque decide ceder a los pensamientos que sabe que son perjudiciales, y sabe que lo son.

Solo sucede en su cabeza (principalmente cuando la preocupación no está justificada). Antes de que se dé cuenta, es demasiado rígido en este estado mental, y toda su existencia va en una dirección equivocada.

La preocupación afecta su cerebro, y no tiene que ser un científico para saber que estos pensamientos lo perturban y arruinan su paz interior, lo mantienen despierto por la noche y lo desenfocan durante eldía. Tener problemas con su sueño o desarrollar insomnio está estrechamente relacionado con la preocupación; o bien comenzó a preocuparse por su insomnio, o su insomnio lo hizo preocuparse por todo lo demás (incluidas las razones por las que no puede dormir).

Este círculo vicioso puede convertirse en un viaje agotador en el que el preocupado tiene infinitos pensamientos inquietantes sobre su salud, estado mental y razones por las que no pueden dormir.

Las razones por las que una persona puede preocuparse son infinitas y aunque existen situaciones en las que no podemos evitar esto (enfermedad, accidentes, peligro, etc.) en la mayoría de los casos, la preocupación principal por las situaciones hipotéticas es el principal culpable que nos paraliza y nos pone ansiosos. e incluso deprimidos.

La gente cree que, al preocuparse demasiado, se están preparando para un momento potencialmente peligroso o pésimo, pensando que ni se asustarán ni se molestarán cuando ocurra dicho momento.

Esto está mal en muchos niveles porque nadie puede estar preparado para un posible accidente o la muerte de una persona cercana, sin importar cuánto se preocupe, piense demasiado y se prepare antes de que suceda. Todo lo que hacen es simplemente imaginar una situación terrible, ponerse deliberadamente en un estado de ánimo peligroso o ansioso y luego repetir el proceso una y otra vez. En algunos casos, los preocupados crónicos tienden incluso a atraer situaciones adversas en sus vidas porque su vibración es negativa y el universo responde simplemente a ellas.

Quizás haya escuchado a personas que saben que se preocupan demasiado alegando que solo sabían que "esto sucederá". La verdad es que la preocupación o sus pensamientos negativos eran demasiado ruidosos y tenían todo su enfoque en este pésimo resultado también. de largo, que simplemente lo atrajeron. No tiene que ser una manifestación exacta de sus preocupaciones; cuanto más se centre en situaciones adversas, problemas y pensamientos que solo están sucediendo en su cabeza, más vibrará una emoción negativa. Está manifestando cosas malas (el universo le ayuda directamente a obtener más de lo que piensa y siente), por lo que no es de extrañar que su neumático se haya desinflado, lo hayan asaltado en la calle, alguien cercano le diga malas noticias, etc.

Y si bien puede pensar que preocuparse no es más que pensar cuidadosamente y prepararse para los malos tiempos, puede dañar gravemente su salud física. Su salud mental es una cosa frágil, y es su responsabilidad mantenerla a salvo del estrés y especialmente de los pensamientos negativos y preocupantes. El sistema nervioso simpático liberará cortisona (una hormona del estrés) que aumentará los niveles de azúcar en la sangre, así como los triglicéridos. No es necesario que sea médico para saber que este no es un estado saludable del cuerpo. Por otro lado, la preocupación constante puede llevar a la secreción continua de adrenalina (otra hormona del estrés) que lo pondrá en un estado constante de ansiedad, euforia leve e inquietud.

Pero, no se preocupe, este libro está aquí para ayudarlo a reducir sus pensamientos preocupantes y liberarse de sus garras de hierro. Vayamos al siguiente capítulo y veamos cómo puedes hacer esto.

Cómo detener la ansiedad.

Antes de sumergirnos en estos pasos críticos que lo ayudarán a dejar de preocuparse, recuerde que sus mayores preocupaciones fueron irracionales y que nunca ocurrieron en realidad en su vida. De hecho, obtuvo resultados mucho mejores que se sintió estúpido por pasar tanto tiempo enfocándose en la negatividad y preocupándose por cosas que solo eran posibles en tu cabeza.

•*Atención plena* -El mundo occidental finalmente está descubriendo el poder de la atención plena, mientras que las culturas orientales conocen este poderoso estado de ánimo durante siglos. Entonces, ¿por qué este método es tan importante cuando se trata de combatir los pensamientos ansiosos? Ser consciente significa estar plenamente consciente del momento presente. Vivir en el momento presente significa que eres plenamente consciente de que todo lo que sucedió en el pasado permanece allí y que en el momento en que se encuentra ahora, es completamente nuevo y no se ve afectado por lo sucedido. No, preocuparse por que su compañero le engañe, como sucedió en la relación pasada (con un compañero diferente) no significa que vuelva a suceder. Entonces, en lugar de estar presente en este momento y disfrutar con su ser querido, usted crea escenarios imposibles de cómo él o ella le hará lo mismo a usted y terminará lastimado.Este es solo un ejemplo que se aplica a muchas otras situaciones que tuvo en su vida. La próxima vez que se encuentre con pensamientos de ansiedad sin fin, deténgase deliberadamente. Concéntrese en su respiración, observe todos los sonidos a su alrededor, vea a las personas que están frente a usted, observe el clima y tome plena conciencia del momento en que se encuentra. Cuando cambie su enfoque a otra cosa, incluso durante quince segundos,se está separando por completo de los pensamientos negativos y preocupantes anteriores. Haga de ésta su práctica hasta que se convierta en un hábito.

• *Meditaciones* -Muchas personas creen que no son lo suficientemente buenas para meditar porque piensan que este proceso está reservado solo para las personas que son yoguis, gurús de la vida o algo así. Déjeme decirle que todos pueden meditar y puede tener cualquier religión (o ninguna religión) género, edad o educación. Todo lo que necesita hacer es encontrar una meditación adecuada (YouTube ofrece una gran cantidad de meditaciones guiadas para principiantes que pueden guiarlo a través de todo el proceso de calmar su mente). ¿Por qué la reflexiónes una excelente manera de dejar de preocuparse? Porque cuando medita respiraprofundamente, permite que su respiración se ralentice y aprende que es el único que puede controlar sus pensamientos. Las meditaciones le ayudarán a relajar todo su cuerpo y a ser consciente de dónde almacena el estrés (ya sea en su abdomen, hombros, espalda, caderas, etc.).

Sé que suena increíble, y sé que muchas personas piensan que no tienen nada que ver con su corriente de conciencia, pero la verdad es que los pensamientos que flotan en nuestra mente, la mayoría de las veces, simplemente no son palabras conectadas. En el momento en que se dé cuenta de esto, será el momento en el que sepa que puede cambiar su flujo de pensamientos en cualquier momento que desee. Con las meditaciones, aprenderá que la mente puede ayudarlo a hacer lo que quiera, solo si está lo suficientemente enfocado. Verá que un enfoque fuerte puede causar emociones y una perspectiva completamente nueva. Permitir que su mente disminuya su velocidad y se calme a través de las meditaciones es una cura severa y económica que funciona al cien por ciento. Si es nuevo en las reflexiones, puedes comenzar con cinco a diez minutos al día (en cualquier momento del día en que tengas ganas de meditar). Conviértalo en un hábito y vea cómo desaparece ese feo nudo en su estómago, cómo ya no tiene miedo y cómo puede controlar sus pensamientos.

• *Actividad Física* – Moverse es muy importante para su cuerpo físico, pero también para tu mente. Ya sea que elija practicar yoga, correr, caminar, hacer ejercicio en el gimnasio o en bicicleta, cualquiera de estos hará su trabajo. Los psiquiatras a menudo sugieren que sus pacientes sean más activos físicamente porque este es un tratamiento conocido y efectivo contra la ansiedad.

Cuando su cuerpo está físicamente activo, libera endorfinas que están probadas para aliviar la tensión y el estrés, le ponen de buen humor y aumentan su energía. La actividad física le ayudará a romper el patrón de preocupación constante, y cuando se dé cuenta de lo bien que se siente después de un ejercicio, no tendrá la energía para volver a enfocar sus pensamientos en preocupaciones y escenarios de miedo. Digamos que usted comienza con un simple paseo alrededor de la cuadra; convierta esto en un hábito cada vez que sienta que los pensamientos de preocupación se están apoderando de usted. Al caminar, preste atención a su respiración, a sus pies tocando el suelo, a los sonidos que lo rodean, tenga en cuenta al caminar y obtenga un doble beneficio.

• ***Hablar de sus preocupaciones**–* Es normal que un ser humano se preocupe de vez en cuando, pero si estos pensamientos que leconsumen amenazan con apoderarse de su vida, tal vez sea el momento de hablar de ello con alguien. No tiene que ser un psiquiatra; puede ser un amigo, un padre, un hermano, un compañero de trabajo, un desconocido …

Simplemente, déjalo todo fuera. Tal vez cuando se lo diga a otra persona, se dará cuenta de que su preocupación es completamente irracional, tal vez la otra persona le diga las palabras que realmente necesita para escuchar o compartir una historia similar con usted para que pueda ver que no está solo. no importa, estos pensamientos saldrán de tu cabeza y pueden liberarte de una manera que considerabas imposible.

• ***Pase menos tiempo en las redes sociales***–Sé que esto parece una misión imposible, especialmente en nuestro tiempo cuando cada movimiento que hacemos tiene que estar documentado en Facebook o Instagram. Parece que, si no publicamos una foto, nunca nos pasó nada; Los "me gusta" son cumplidos y una unidad de medida de aceptación y aprobación, cuando en realidad no significan nada. La gente tiende a hacer clic en las imágenes con la esperanza de que cuando publiquen su imagen, obtendrán ese "me gusta". Tonto, pero en realidad, vivimos en una realidad virtual donde nada de lo que sucede en el momento presente es suficiente hasta que se fotografíe. Las redes sociales son las culpables de causar depresión y envidia en casi todos los usuarios.

Siempre hay alguien con un mejor estilo de vida, vida amorosa, destino de viaje y qué no; Cuando ve estas imágenes, su cerebro crea la sensación de insuficiencia y que no está viviendo su vida al máximo. De esta manera, le preocupa que esté perdiendo la vida sin hacer nada, poniéndose deliberadamente en un estado constante de preocupación por tener que mantenerse al día con esas personas favoritas en las redes sociales que de hecho se les paga para que se vean bien y tomen fotos en todo el mundo. Incluso si no se está comparando con ellos, sigue comparando su vida con sus amigos en línea que conoce desde la escuela o en el trabajo.

Cuanto más tiempo pasa en las redes sociales, más se preocupa por las cosas que le faltan; sufre cuando no está revisando sus cuentas, sintiendo que se está perdiendo algo o que no le está diciendo a sus amigos lo que le está pasando.

Intente pasar menos tiempo en las redes sociales y, si puede, desactívelas por un momento y vea que su vida continúa incluso sin ellas.

• *Escriba*- No importa la edad que tenga, pero escribir un diario, cuentos, poemas o incluso una novela puede ser una forma constructiva de desenfocar sus pensamientos de sus preocupaciones. Escribasus miedos, escriba cada detalle que le cause miedo y ansiedad, escriba cada resultado imaginado y cualquier idea que le quite la paz. De esta manera está vaciando su mente y las preocupaciones ya no están allí. Si lo desea, puede incluso quemar el papel, una forma simbólica de destruir / deshacerse de sus miedos y pensamientos negativos. Al igual que su hogar, su mente también necesita limpieza, así que hágalo, se lo debe a usted mismo.

Haciendo una diferencia entre ansiedad realista y no realista.

La ansiedad causa preocupación crónica que conduce al desarrollo de pensamientos irracionales. las personas que tienen estos pensamientos y preocupaciones no necesariamente, están conscientes de que solo están creando situaciones hipotéticas o juicios que no son reales; en algunos casos, a los preocupados crónicos se les informa que se preocupan deliberadamente por cosas que nunca sucederán. Pero, aunque pueden ser conscientes de esto, continúan alimentando estos pensamientos y luchan para convencerse de que lo que piensan e imaginan no es real.

Para poder hacer una diferencia entre una preocupación realista y una no realista, una preocupación justificada o injustificada (al igual que el miedo) es la clave para abrir o cerrar la puerta a todos sus problemas. La preocupación puede ser importante y consumir energía, amenazando con destruir su vida; puede ser uno pequeño, solo un pensamiento que tiene mientras viajas al trabajo o mientras conduces, trabajas o cenas. Pero, no importa cuán grandes o pequeñas sean estas preocupaciones, están ahí, existen y están cavando pequeños agujeros en su mente, atrapándolos dentro de un peligroso esquema de negatividad que luego se manifiesta en forma de insomnio, ansiedad, depresión, baja autoestima, creencias que todos le odian, que no es lo suficientemente bueno o que estasdestinado a fracasar o tener una vida trágica.

La pregunta central aquí es: ¿son sus preocupaciones realistas? probablemente, dependiendo de la situación; digamos que un miembro de su familia necesita tomar su terapia mientras están de vacaciones, pero se han olvidado de sus medicamentos y ya están en el autobús o en el avión. Su preocupación por el resultado es una preocupación realista y justificada. La vida de esta persona puede estar en peligro porque olvidó su medicamento en casa.

Pero, ¿puede entregarles este medicamento de alguna manera?

¿Puede llegar a ellos antes de que se vayan? ¿Pueden reemplazar la droga en el lugar donde están de vacaciones? Si la respuesta es sí, entonces su preocupación es completamente injustificada. En lugar de descomponerse y pasar tiempo preocupándose por qué sucedió esto, pensar en el resultado y deliberadamente ponerte en modo de pánico, asegúrese de pensar con claridad y haga lo que pueda para cambiar la situación.

Cada vez que una preocupante oleada de pensamientos atraviesa su cabeza y parece que no es capaz de pensar en otra cosa, y mucho menos en funcionar normalmente o dormir, pregúntese: ¿es mi preocupación realista? ¿Voy a morir en un accidente de avión? ¿Cuáles son las posibilidades de que toda mi familia sufra un accidente automovilístico cada vez que salen?

¿Creo que mi jefe me odia? ¿Me importa en absoluto lo que mis compañeros de trabajo / personas al azar que conozco piensen de mí? ¿Lamenté mucho haber dicho o no haber dicho esa respuesta (piense en algo que dijo o no dijo en una discusión con una persona específica)?Estas preguntas pueden responderse con respuestas simples como sí y no, y lo crea o no; Puede sonar tan liberador y calmante.

La respuesta a este tipo de preguntas generalmente es no, pero su hábito aprendido de pensar demasiado y creer en resultados más complicados es persistente para hacerle pensar que dijo algo horrible, que sus amigos o compañeros de trabajo lo odian, que usted y su familia están en un riesgo significativo de accidentes y así sucesivamente. La verdad es que estos son solo escenarios en tu cabeza.

La gente no piensa mucho en otras personas; todos están obsesionados con sus vidas, lo cual es bueno. La posibilidad de estar en un accidente de avión es tan escasa, que, para ser sincero, es dudoso que usted esté en uno.

Esta es la forma más fácil de marcar la diferencia entre una preocupación realista e irrealista y, en el fondo, usted es plenamente consciente de cuáles de sus pensamientos preocupantes y escenarios de ansiedad pertenecen a estas categorías. La próxima vez que pase por una fase de pensar demasiado o preocuparse por cosas menores (y sabrá cuándo su preocupación no es realista), como lo que la gente piensa de su ropa, si les gusta, si suena inteligente frente a otras personas, si son lo suficientemente divertidos y demás, solo háganse estas preguntas: ¿su opinión cambia mi valor? ¿Su visión de mí me hará una mejor persona?

¿Me importa realmente lo que piensan de mi ropa o cómo me expreso? ¿Su juicio de mí es la definición de quién soy como persona? Confía en mí, tener preocupaciones injustificadas es un verdadero infierno y una forma segura de menospreciarse, pensando que no debe ser lo suficientemente bueno porque teme que alguien más tenga una opinión equivocada sobre usted. Quién es y lo que hace no está relacionado con la opinión de otras personas. Lo que otras personas piensan de usted es solo su incumbencia, y no le afecta como persona, ni significa que su idea de usted sea correcta. Es solo una proyección de quienes son como persona. Siempre asegúrese de darse respuestas honestas a sus preguntas relacionadas con sus preocupaciones injustificadas, siempre que ocurran.

Las razones que le causan ansiedad.

Estar en un estado constante de preocupación no solo es una carga terrible en su mente, sino que a menudo afectará su salud física. La ansiedad crónica no es algo que deba tomarse a la ligera o considerarse como una manera molesta de pensar. Incluso si no es una persona que pasa mucho tiempo preocupándose por esto y por lo otro, es posible que tenga un amigo, un miembro de la familia o un compañero que pasa por este proceso todos los días una y otra vez. Es esencial saber que su apoyo y apertura para hablar sobre este tema es fundamental. También es importante comprender que este estado mental puede causar estrés severo en las personas y cambios en su salud que pueden convertirse en enfermedades peligrosas.

La preocupación crónica afecta las relaciones, la eficacia en el trabajo o la escuela y hace que la persona esté completamente desenfocada de lo que hace (conducir, caminar por la calle, hablar con la gente).

Las personas que tienden a preocuparse mucho a menudo se quejan de falta de aliento, incapacidad para conciliar el sueño, palpitaciones, sequedad de boca, dolor en los músculos, temblores, sensación de nerviosismo y ansiedad, mareos y fatiga.

Todos estos estados físicos deben tomarse en serio porque si un estado mental lo causa, entonces algo grande está sucediendo dentro de la mente y el cuerpo de esta persona.

Las personas que a menudo se preocupan y demasiado tienden a tener niveles de energía más bajos. Además del hecho de que no pueden dormir por la noche debido a su preocupación excesiva, sus cerebros están liberando hormonas como la cortisona, que es responsable de los latidos cardíacos más rápidos, lo que conduce a una dosis más significativa de oxígeno para la mente; se sabe que esta combinación libera más energía que ayuda al cuerpo a lidiar con situaciones estresantes, y es normal. Pero si esto sucede con frecuencia, el cerebro tendrá que protegerse a sí mismo y al cuerpo de la liberación constante de hormonas, lo que reducirá los niveles de energía y hará que la persona se sienta cansada.

La preocupación excesiva inevitablemente afectará el apetito y todo el sistema digestivo. No es un mito que cuando una persona está molesta por algo se sienta menos hambrienta o incluso se olvide de comer. Imagine lo que sucede cuando alguien está en un estado crónico de preocupación y pierde el apetito.

Todos tuvimos esa sensación como si tuviéramos un nudo en el estómago y todos sabemos lo terrible que afecta no solo al sistema digestivo sino a toda nuestra existencia. La ansiedad crónica y el estrés tienden a hacer que este nudo permanezca en las entrañas durante más de unos pocos días; Las glándulas tiroides son responsables del metabolismo, y si estas hormonas no funcionan bien, el sistema digestivo dejará de funcionar.

Es posible que se sienta estreñido, o que no sienta hambre en absoluto, lo que provocará dolor en el estómago y, a largo plazo, puede causar problemas graves, como úlceras, por ejemplo. En el momento en que comienza a sentirse así, vea los consejos del segundo capítulo: comience a moverse, comience a hacer ejercicio, tome mucha agua y pase más tiempo en la naturaleza y lejos de las redes sociales.

La preocupación constante puede ser el principal culpable de problemas en la piel. Estoy seguro de que ha notado cómo reacciona su piel cada vez que pasa por momentos estresantes. Todo el acné de la cara y la espalda no se debe a que coma comida chatarra, sino a que algo en su cuerpo no está funcionando bien, y generalmente se ve afectado por lo que pasa por su mente.

La importancia de limpiar su mente y

detener sus pensamientos y preocupaciones negativos para apoderarse de usted es enorme; tienes que obligarte a dejar de enfocarte en la negatividad y preocuparte por cosas y personas insignificantes. Convierta esto en un hábito y vea cómo su piel comienza a aclararse de forma lenta pero segura. La ansiedad, en general, nos hace estar desenfocados y olvidadizos, y cuando estamos en este estado no nos cuidamos a nosotros mismos como lo hacíamos antes; nos olvidamos de comer con regularidad, nos olvidamos de tomar vitaminas y minerales, solo no nos importa esto crucial para nuestra existencia. No solo la piel sufrirá, sino que también todo el cuerpo puede correr el riesgo de varios procesos, como el envejecimiento prematuro, la desnutrición, la mala calidad de la sangre, etc.

Es por esto que la atención plena es crucial para luchar contra la preocupación crónica; debe pensar en el momento presente, prestar atención no solo a sus pensamientos sino también a sus acciones, incluidas las actividades más habituales y cotidianas, como comer, la higiene básica, etc.

Si todavía no está convencido de que preocuparse es bastante activo en la salud general, piense en el hecho de que afecta al cerebro y arruina tu paz interior.

Nadie en el mundo podría funcionar normalmente cuando se siente perturbado e incómodo. La falta de sueño agotará su energía y lo mantendrá desenfocado, y todo tomará la dirección equivocada desde aquí. Vivimos en la era de Internet, y solemos auto diagnosticarnos solo leyendo los síntomas en línea. Y lo que comienza como una preocupación crónica y provoca un desenfoque, y el insomnio puede llevarlo a pensar que es algo mucho más grave. Antes de saber que está leyendo los síntomas de enfermedades mortales, está seguro de que está deprimido o que tieneuna crisis mental, cuando la verdad es que nada de eso es verdad. Ahora está preocupado por su salud y posible enfermedad que no tiene.

Como suele ocurrir con una preocupación

excesiva, empieza a sentir los síntomas y se está preparando para ver al médico y escuchar las malas noticias. Este es el momento en el que necesita pisar los descansos y ordenarle a su cerebro que abandoneeste patrón

Entre otras cosas físicas, la preocupación crónica puede causar una disminución severa en su libido. Con tantos pensamientos preocupantes en su mente, lo último en lo que pensará (o sentirás la necesidad) será el sexo.

La falta de libido no solo lo restringirá del derecho y amarel sexo con su pareja, sino que también puede dañar gravemente su relación.

Como se mencionó en los capítulos anteriores, la preocupación excesiva es una forma segura y peligrosa que conduce a la depresión. Estar preocupado por todo y por todos, incluso si estas cosas o personas apenas tienen un impacto en su vida es algo peligroso. Muchos casos de preocupación excesiva han llegado tan lejos en su desarrollo, no solo de depresión sino también de paranoia. Si siente que esto le está sucediendo, es hora de hablar con su médico y ver cómo puede sentirse bien nuevamente.

Conclusión

La ansiedad es el principal culpable que nos hace tener pensamientos interminables que están perturbando nuestra paz interior, nos hacen sentir menos bien o están arruinando nuestra confianza en sí mismos. En esta época moderna en la que el mundo ofrece tantas cosas de las que preocuparse (dinero, trabajo, salud, amigos, familia, hogar, etc.) necesitamos encontrar una manera de mantener la calma y la paz. Es difícil hacer esto cuando la humanidad hace del estrés algo de moda, pero es hora de echar un vistazo dentro de nuestras mentes y almas y detectar qué es lo que nos roba la paz y el sueño.

La preocupación excesiva puede causar graves daños a la salud, y si estos pensamientos no se tratan correctamente y se detienen a tiempo, pueden ser los principales culpables del desarrollo de muchos cambios físicos como la mala digestión, la fatiga, el mareo, la falta de aire, el cansancio, pero También de depresión, ansiedad, baja autoestima e incluso paranoia.

Esperamos que este libro le ayude a darse cuenta de que no todas las preocupaciones son realistas y que usted es quien controla sus pensamientos. Usted es quien puede decidir cuándo se detendrán los pensamientos negativos. Cuidar tu paz interior y tu estado mental no es un lujo, sino una necesidad que cada uno de nosotros tiene.